ARTHU

La ley de M

ARTHUR BLOCH

La ley de Murphy del amor

El contenido de este libro no podrá ser reproducido, ni total
ni parcialmente, sin el previo permiso escrito del editor.
Todos los derechos reservados.

Edición especial realizada por Editorial Planeta, S.A.

© Arthur Bloch, 2002
© EDICIONES TEMAS DE HOY, S.A., 2002
© De la traducción: Ana Mendoza

Primera edición: julio 2004
ISBN: 84-08-05453-8
Depósito legal: B-30.354-2004
Impreso por Litografía Rosés

Impreso en España - Printed in Spain

Índice

Introducción 9

1. Leyes generales para parejas 13
2. Leyes para el cortejo y las citas 25
3. Leyes del amor 43
4. Leyes para jóvenes enamorados 57
5. Leyes para las relaciones sexuales 67
6. Leyes para el matrimonio 81
7. Leyes para los padres 103
8. Leyes para los enamorados de (una cierta) edad 113
9. Leyes para las mujeres y los hombres . 127

Introducción

Me habría resultado mucho más sencillo escribir *La ley de Murphy del amor* hace treinta años, cuando podría haber utilizado estereotipos sexuales descarados para evocar toda una serie de imágenes pintorescas y conseguir risas fáciles y de mal gusto. En los días en que vivimos, días de corrección política, sin embargo, cualquiera que actúe en un foro público (y abrigo la esperanza de que al menos una pequeña parte de los lectores considere que un libro no es otra cosa) se ve limitado de muchas maneras y no puede decir aquello que en privado no provocaría sino un ceño fruncido.

Para empeorar las cosas, he intentado que las leyes fueran neutras en lo que se refiere al género, algo muy difícil dadas las peculiaridades del idioma español. Por decirlo de otra manera, resulta casi imposible conseguir esta neutralidad cuando a todos los términos se les exige que tomen partido por uno u otro género. Así, ¿por qué «muro» tiene que ser masculino y, en cambio, «puerta» es femenino? Lo cierto es que se me escapa. Puedo imaginar mucha razones, pero todas ellas

exigirían el estereotipo que, como he dicho antes, me está vedado.

Confío plenamente en que mi traductora, Ana Mendoza, podrá sortear todos estos dilemas lingüísticos al volcar este libro al español. En inglés tenemos palabras como *mate* o *spouse* que no tienen género y que, por lo tanto, resultan de gran utilidad en las negociaciones de paz entre los sexos. No estoy seguro de que se puedan traducir. Me avergüenza decir que mi español es, siendo optimista, rudimentario. Como decía mi madre, tengo buen acento, pero ni idea del idioma.

Arthur Bloch
Oakland, California

(1)
LEYES GENERALES PARA PAREJAS

LEY DE MURPHY PARA TODAS LAS PAREJAS

Si algo puede salir mal en una relación, saldrá mal.

Corolarios:

1. Las cosas no son tan fáciles para usted como para otras parejas.
2. Hace falta más tiempo para que las cosas vayan bien que para que se tuerzan.
3. Cuando se deja a su aire, la relación tiende a ir de mal en peor.
4. En cuanto se ponga a intentar solucionar una serie de problemas, surgirán otros nuevecitos.
5. Cualquier solución entraña otros problemas.
6. La madre naturaleza es una lagartona, pero su madre política es mucho peor con diferencia.

LEYES DE MURPHY SOBRE LA DISCORDIA

Si algo se puede interpretar mal, se malinterpretará.

Corolarios:

1. Los cumplidos se tomarán como insultos.

2. Los elogios se tomarán como críticas.
3. Cualquier cosa que se diga para aclarar algo, lo único que hará será empeorarlo todo.

RESUMEN DE SCHNATTERLY DE LOS COROLARIOS

Si algo no puede salir mal, saldrá mal de todas maneras.
Corolario de Farnsdick al tercer corolario:
Después de que las cosas hayan ido de mal en peor, el ciclo se repetirá.

PARADOJA DE SILVERMAN

Si la ley de Murphy tiene que salir mal, saldrá mal.

LEY DE MURPHY AMPLIADA

Si una serie de sucesos puede salir mal, saldrá mal pero además en la peor secuencia posible.

EXTENSIÓN DE GATTUSO A LA LEY DE MURPHY

No hay nada tan malo que no pueda empeorar.

LEYES DE MURPHY SOBRE LA COMPATIBILIDAD

En todas las parejas, por lo general:

- Uno se acuesta temprano y el otro se acuesta tarde.
- A uno le gusta la comida muy condimentada mientras que el otro la prefiere suave.
- Uno llega a los sitios con tiempo y el otro siempre en el último minuto.
- Uno usa el ordenador y el otro lo odia.
- Uno fuma y el otro no.

Y todo así.

PRINCIPIO DE PARTIDO
Vaya lo que vaya mal, su pareja ya se lo imaginaba.

LEY DE BIG AL SOBRE LAS RELACIONES
A casi todos los problemas se les puede aplicar con éxito una buena solución.

LEY DE CORWIN
La vida es un valle de lágrimas. Si alguien le dice otra cosa, es que intenta venderle una moto.

LEY DE LEAHY
Si se hace algo mal con bastante frecuencia, se convierte en correcto.

SERMÓN DE HOLTEN
El único momento en que conviene ser positivo es cuando se está positivamente seguro de estar equivocado.

LEY DE LA VIDA
En cuanto se ponga a hacer lo que siempre ha deseado, le apetecerá más hacer otra cosa.

La vida es un valle de lágrimas. Si alguien le dice otra cosa, es que intenta venderle una moto.

LEY DE LA TERMODINÁMICA DE MURPHY
Todo empeora a elevadas presiones.

LEY INNOMBRABLE
En cuanto menciona algo:
- Si es bueno, desaparece.
- Si es malo, sucede.

LEY DE DRAZEN SOBRE LA RESTITUCIÓN
El tiempo que hace falta para rectificar una situación es inversamente proporcional al tiempo necesario para producir todos los daños.
Ejemplo 1:
Hace falta más tiempo para pegar un florero que para romperlo.
Ejemplo 2:
Hace falta más tiempo para perder un número X de kilos que para ganarlos.

SERMÓN DE HANNAH
Siempre resulta mucho más fácil resolver los problemas ajenos que los propios.

PRINCIPIO DE ASIMETRÍA DE SIMONSON
La crítica es más inexorable que los elogios.

LEY DE SNYDER SOBRE EL ABANDONO

En cuanto haya tomado la decisión de abandonar a su amante, no será feliz hasta que no lo haya logrado.

Corolario:
En cualquier caso, tampoco tiene ninguna garantía de ser feliz.

LEY DE MCGUFFIN

Resulta sencillo ver el lado bueno de los problemas de las otras parejas.

LEY DE MELVIN SOBRE EL EQUILIBRIO

La época en que no hace nada mal va seguida inexorablemente de la época en que parece que no puede hacer nada bien.

REGLA DE BENNETT PARA LOS ENAMORADOS

Cuando deje libre un cajón y haga sitio en el armario y en el cuarto de baño de su casa, la relación se terminará.

PREMISA LÓGICA DE COLVARD

La probabilidad de que suceda cualquier cosa es del 50 por ciento. O sucede o no sucede.

COMENTARIO DESMEDIDO DE COLVARD

Eso es cierto, especialmente en el caso de las mujeres.

COMENTARIO DE GRELB SOBRE LA PREMISA DE COLVARD

Sin embargo, las probabilidades son del 90 por ciento en contra suya.

REGLA DE GREG SOBRE LAS PROFECÍAS

Si cree que una relación no puede funcionar pero de todas maneras siente la necesidad de intentarlo, no funcionará.

LEY DE GLORIA

Si dos personas siempre están de acuerdo en todo, es que una de ellas no hace falta para nada.

LEY DE WALTER

Dos personas que no se aguantan para nada y no pueden convivir, se pueden pasar juntas todo el tiempo del mundo siempre y cuando hayan fijado la fecha en la que se van a separar.

(2)
LEYES PARA EL CORTEJO Y LAS CITAS

LEY DE TOWSON
Siempre es más fácil encontrar pareja cuando ya se tiene una.

LAMENTO DE DONNA
Los buenos no están libres.
Corolario:
Si alguno está libre, por algo será.
Corolario de los novios:
Siempre puede conseguir a ése que no le gusta.

AXIOMA DE ALLISON
El que siempre le ha gustado se quedará libre justo cuando usted se haya resignado al que ya tiene.

LEY DE TRISTÁN
El atractivo de algo —o de alguien— es inversamente proporcional a la posibilidad de conseguirlo.

LEYES DE GILLENSON SOBRE LAS EXPECTATIVAS

1. Nunca se haga ilusiones sobre una cita a ciegas por el tono de voz que escuchó por teléfono.

2. Nunca se haga ilusiones sobre una persona por el aspecto que tiene de espaldas.

PRINCIPIO DE RUBY SOBRE LOS ENCUENTROS

La probabilidad de que se encuentre con un conocido aumenta cuando esté en compañía de alguien con quien no quiere que le vean.

OBSERVACIÓN DE RON PARA ADOLESCENTES

Las espinillas aparecen justo una hora antes de la cita.

LEY DE SARAH

Nunca se comienza un romance de verano hasta el último día del verano.

LEY DE IRENE SOBRE LAS CITAS

No hay forma adecuada de meter la pata.

LEY DEL DESEO

Lo que no se tiene siempre es más deseable que lo que se tiene.

REGLA DE ROHEIM

La gran tragedia de la vida humana es que mirar y comer sean dos acciones diferentes.

CODICILO DE KATHERINE
Antes de encontrar al príncipe azul, hay que besar a muchas ranas.

FÓRMULA DE GLYME PARA EL ÉXITO
El secreto del éxito es la sinceridad. En cuanto pueda fingirla, lo habrá conseguido.

LEY DE LA FIESTA
Cuantas más cosas prepare, menos comerán sus invitados.

PUNTUALIZACIÓN DE HUMBERTO
No será una auténtica fiesta hasta que alguien no le haya roto algo.

PRINCIPIO DE L.A. SOBRE LA BUENA FORMA FÍSICA
Hacer ejercicio todos los días en un gimnasio frecuentado por aspirantes a estrellas y modelos es, si lo piensa bien, perjudicial para el corazón.

LEY DE GUMPERSON

La probabilidad de que suceda algo es inversamente proporcional al deseo que usted tenga de que suceda.

**PRIMERA LEY DE CHISHOLM
SOBRE EL CORTEJO**

Cuando las cosas vayan bien, algo hará que se tuerzan.

Corolarios:

1. Cuando parece que ya nada puede ir peor, empeora.

2. Cuando parece que las cosas van mejor, es que se le ha pasado algo por alto.

REGLA DE SELDON

Si le parece que es demasiado bueno, es que probablemente lo es.

LEY DE SEIDEL

La disponibilidad es una función del tiempo. Justo en el minuto en que usted demuestre su interés es cuando encontrará a otra persona.

**LEYES NO RECÍPROCAS
DE LAS EXPECTATIVAS ANTES DE UNA CITA**

Las expectativas negativas producen resultados negativos.

Las expectativas positivas producen resultados negativos.

LEY DE ZANDER SOBRE EL TELÉFONO CELULAR

Siempre se quedará sin cobertura cuando el que le había llamado le estaba diciendo lo más interesante.

LEY DE GILLETTE SOBRE LA DINÁMICA TELEFÓNICA

La llamada que lleva horas esperando se produce justo cuando usted ha bajado al portal.

TEOREMA DE BELL

Cuando se sumerge un cuerpo en agua, es cuando suena el teléfono.

FENÓMENOS TELEFÓNICOS DE FRANK

Si tiene bolígrafo, no tendrá papel.
Si tiene papel, no tendrá bolígrafo.
Si tiene las dos cosas, nadie le dejará un recado.

DILEMA DE DINER ANTES DE UNA CITA

Las corbatas limpias atraen la sopa.

LEY DE PUDDER

Las citas que empiezan bien acaban mal.
Las citas que empiezan mal acaban de puta pena.
Corolario:
Es mejor tener un horrible final que vivir en medio de horrores sin fin.

LEY DE LIONEL
No se dará cuenta de que llevaba una mancha en la camisa hasta que llegue a su casa después de la cita.

LEY DE BÁRBARA DE LOS RESTAURANTES
Nunca diga «Pamplona» con la boca llena.

MAJADERÍA DE FOLEY
Tener una zona de fumadores en un restaurante es como tener una zona con urinarios en una piscina.

LEY DE MARY JANE
Todos los hombres disponibles o son homosexuales, o están obsesionados por sí mismos o están obsesionados por su madre.

LEY DE ESTHER
A aquél a quien quiera impresionar, siempre le tocará la taza de café desconchada.

LEY DE WOOLTER
Si tiene tiempo, no tendrá dinero.
Si tiene dinero, no tendrá tiempo.

PRINCIPIO DE MARTÍN SOBRE LA MODA
Todo peinado nuevo parece horrible al principio.

REGLA DE WIGGENS
El primer corte de pelo que le haga un peluquero será el único favorecedor que le haga ese mismo peluquero.

LEY DE MCVEY
Si un día tiene el pelo precioso, no tendrá nadie con quien salir.

LEY DE JAN Y MARTHA SOBRE LA PELUQUERÍA
Le harán los comentarios más elogiosos sobre su cabello cuando se dirija a la peluquería a darse un corte nuevo.

LEY DE MINERVA
Ese corte de pelo que resulta tan atractivo en otras personas, a usted le sentará fatal.

LEY DE JILLY
Cuanto más horrendo sea el corte de pelo, más despacio le crecerá.

La llave del corazón de una mujer es hacerle un regalo inesperado en un momento inesperado.
La llave del corazón de un hombre es mantener relaciones sexuales inesperadas en cualquier momento del día.

LEY DE GENEVA
Si se tiñe el pelo de un color que le favorece para intentar igualarlo, el resultado será un color que no le gusta nada.

LEY DE REEDY PARA JÓVENES
En cuanto conozca al chico de o a la chica de sus sueños, el dentista decidirá hacerle ortodoncia.

LEY DE REYNOLD SOBRE LA CLIMATOLOGÍA
La velocidad del viento es directamente proporcional al coste de la factura que acaba de pagar en la peluquería.

LEYES DE MANUEL ACERCA DEL PLAN DE IR A COGER FLORES
1. Las más bonitas estarán fuera del alcance de la mano.
2. Si consigue cogerlas, a ella le darán alergia.

LEY DE JENNIE
Los amigos de su novio siempre resultarán ser unos petardos.

DESCUBRIMIENTO DE FORRESTER

La llave del corazón de una mujer es hacerle un regalo inesperado en un momento inesperado.

Corolario:

La llave del corazón de un hombre es mantener relaciones sexuales inesperadas en cualquier momento del día.

LEY DE GROSS SOBRE LAS NOVIAS

La hermana de su novia siempre será más atractiva que su novia.
Corolario de Anderson:
La madre de su novia siempre será más atractiva que las dos juntas.

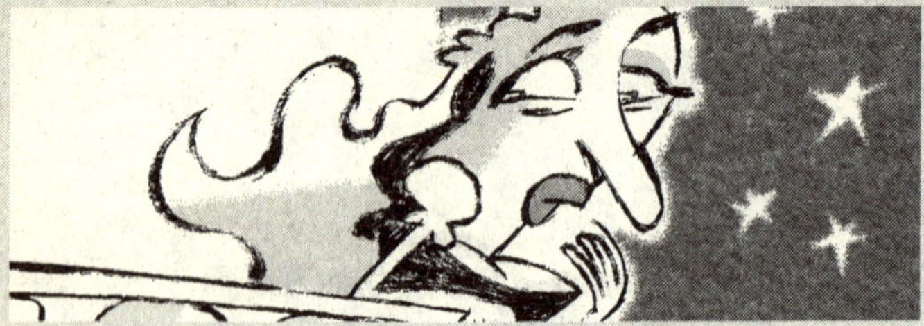

(3)
LEYES DEL AMOR

LEY DE LYON
El amor es la mayor locura.

LEY DE VALERY
El amor es hacer el estúpido juntos.

**DEFINICIÓN DE BIERCE
SOBRE EL AMOR**
Amor: locura temporal que cura el matrimonio.

REGLA DE BACON
Es imposible amar y ser sabio a la vez.

LEY DE BERN
No existe ninguna diferencia entre un sabio y un necio en el caso de que ambos estén enamorados.

MÁXIMA DE MARSALIS
El amor puede hacer que un imbécil parezca inteligente.

COMENTARIO DE LA ROCHEFOUCAULD
Sólo hay un tipo de amor, pero existen miles de copias.

LEY DE JENSEN
No se puede destruir un amor prohibido.

MÁXIMA DE MELANIE
El amor no tiene precio, pero no sucede lo mismo con todos sus accesorios.

LEY DE TWAIN SOBRE LA NATURALEZA
La ley de la gravedad no tiene ninguna culpa de que la gente caiga rendida en los brazos del amor.

LEY DE SHAW SOBRE LA INEVITABILIDAD
Existen dos tragedias en la vida: una es no conseguir lo que ansía su corazón; la otra es conseguirlo.

MÁXIMA DE CHESTERTON SOBRE LA RELIGIÓN

La Biblia nos dice que amemos a nuestro prójimo y también que amemos a nuestros enemigos; probablemente porque son las mismas personas.

COMENTARIO DE FLAUBERT
El agua sigue fluyendo y el corazón olvida.

AXIOMA DE ANTÍFANES
Hay dos cosas que un hombre no puede nunca ocultar: que está borracho y que está enamorado.

REGLA DE HEINLEIN SOBRE EL AMOR
El amor es ese estado en el que la felicidad de otra persona le resulta esencial para ser feliz.

DESCUBRIMIENTO DE MURDOCH
El amor es llegar a caer en la cuenta de que existen otras personas en el mundo aparte de uno mismo.

PROVERBIO FRANCÉS
En el amor, siempre hay uno que da besos y otro que ofrece la mejilla.

REGLA DE BEAL
Ama a tu prójimo como a ti mismo, pero con un cierto criterio de selección.

LEY DE JACKSON
El amor es la forma más sutil de interés personal.

APRECIACIÓN DE MAUROIS SOBRE LA HISTORIA
A la Edad Media le debemos los dos inventos más terribles de la humanidad: la pólvora y el amor romántico.

LEY DE HAGEN
No hay trabajos duros en los asuntos del amor.

FÓRMULA DE FROST SOBRE LA FELICIDAD
La felicidad compensa en elevación lo que le falta en duración.

LEY DE ZELDA SOBRE EL AMOR
No quiero vivir... Primero quiero amar y ya, de paso, vivir.

LEY DE COLLINS
Lo que nos atrae en un enamorado raramente nos ata a él.

LEY DE FINAGLE SOBRE EL AMOR

La cantidad de amor que existe en una pareja permanece constante. A medida que va creciendo el amor de uno de sus miembros, el del otro va disminuyendo.

A la Edad Media le debemos los dos inventos más terribles
de la humanidad: la pólvora y el amor romántico.

LEY DE MORGAN
El dinero no puede comprar el amor, pero le dará una buena posición para las negociaciones.

LEY DE BARRY
El amor es un como un cigarro puro con un explosivo dentro que estamos deseando fumarnos.

OBSERVACIÓN DE CHAMFORT
El amor es más divertido que el matrimonio, lo mismo que las novelas son más entretenidas que los libros de historia.

LEY DE RICARDO
Con la mayor parte de las cosas, si uno se tumba durante un buen rato, éstas desaparecen. Con el amor, esto sólo hace que todo sea peor.

REGLA DE BUKOWSKI SOBRE EL AMOR
Es posible amar a un ser humano, especialmente si no se le conoce demasiado bien.

APRECIACIÓN DE MENCKEN SOBRE EL AMOR

1. El amor es el triunfo de la imaginación sobre la inteligencia.
2. El amor es como la guerra: resulta fácil empezar y muy difícil terminar.

ENIGMA DE CALLAS
El amor es mucho más divertido cuando no se está casado.

LEY DE CHEVALIER
Muchos hombres se han enamorado de una muchacha con una luz tan escasa que con ella no se habrían atrevido ni a elegir un jersey.

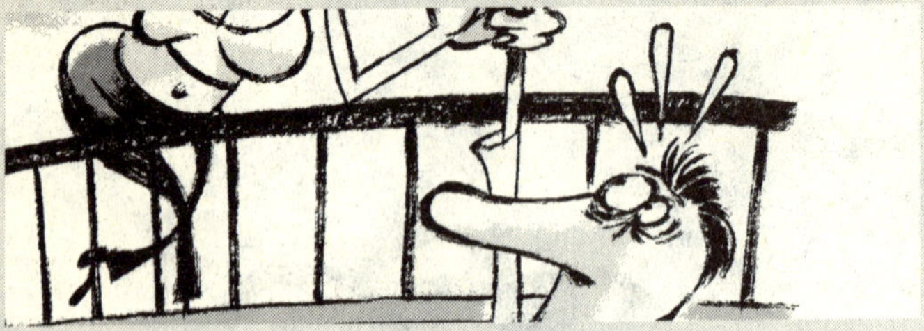

(4)
LEYES PARA JÓVENES ENAMORADOS

**LEY DE HAVILAND
SOBRE LA PRIMERA VEZ**

La primera vez que lo hizo, no debería haberlo hecho.

La primera vez que no lo hizo, debería haberlo hecho.

LEY DE CONNOR

Sólo hay una primera vez.

LEY DE PHILO

Para que usted pueda aprender de sus errores, primero tiene que darse cuenta de que los está cometiendo.

CONSEJO DE JONG

Consejo es aquello que pedimos cuando ya sabemos la respuesta pero no nos gusta nada.

LEYES DE ARTHUR SOBRE EL AMOR

1. Las personas que le atraen invariablemente piensan que usted les recuerda a alguien.

2. La carta de amor que al fin tuvo el valor de enviar, se retrasará en el correo el tiempo suficiente como para que usted haga el ridículo.

3. Los gestos románticos de otras personas parecen originales y excitantes. Los gestos románticos propios parecen absurdos y torpes.

La prueba definitiva de que una relación funciona
es estar en desacuerdo cogidos de la mano.

LEY DE LA CARTA DE AMOR
La mejor manera de inspirar nuevas ideas es lacrar la carta.

DESCUBRIMIENTO DE MCKINNON
En la vida real no hay música de fondo.

REGLA DE JÉRÔME
Lo mejor es decir siempre la verdad. A menos, claro está, que sea usted un mentiroso excepcionalmente bueno.

LEY DE ANTONIO
La prueba definitiva de que una relación funciona es estar en desacuerdo cogidos de la mano.

AXIOMA DE ANDERSON
Sólo se es joven una vez, aunque se puede ser inmaduro toda la vida.

LEY DE WILEY

Si dos personas del sexo opuesto caminan hacia usted, se fijará en una de ellas y excluirá a la otra.

Corolario:

Aquélla en la que no reparó, era la más maja de las dos.

LEY DE LA CAFETERÍA DE ROSALÍA

Si está en un bar y ve a alguien que le gusta, se tirará el café encima justo cuando esa persona le esté mirando.

REGLA DE POWELL

Queda muy ordinario terminar una relación dejando un mensaje en el contestador automático.

LEYES DE HADLEY SOBRE LA COMPRA DE ROPA

1. Si algo le gusta, no tendrán su talla.

2. Si algo le gusta y tienen su talla, no le sentará bien.

3. Si algo le gusta y le sienta bien, será tan caro que no podrá comprarlo.

4. Si algo le gusta, le sienta bien y se puede permitir el lujo de comprarlo, se romperá la primera vez que se lo ponga.

PRINCIPIO DE BEIFELD

La probabilidad de que un hombre conozca a una joven receptiva y deseable aumenta en proporción piramidal cuando está en compañía de:

1. Otra joven.
2. Su esposa.
3. Un amigo más guapo que él y con más dinero.

LEY DE JAMIE

Si le gusta alguien, esta persona se sentirá atraída por su mejor colega. La probabilidad de que esto suceda es especialmente elevada en el caso de que su colega:
- Pase completamente del tema.
- Ya salga con otra persona.

LA REGLA DEL ABC

Si a A le gusta B y a usted le gusta C, A tendrá más oportunidades con B de las que usted tenga con C.

Corolario:

B y C son, a menudo, la misma persona.

CONSEJO DE DE BALZAC

El primer amor es como una especie de vacuna que evita que un hombre presente una querella la segunda vez.

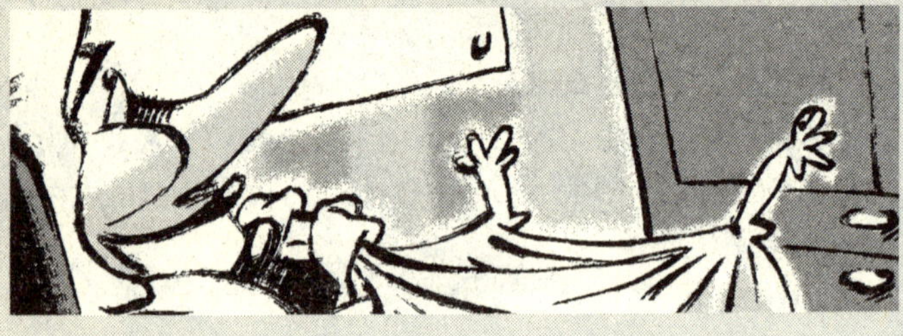

(5)
LEYES PARA LAS RELACIONES SEXUALES

LEY DE SÁNCHEZ
El sexo es una fuerza de la Naturaleza. La razón, por el contrario, no lo es.

**LEY DE LA CARNE
(Y DE TODO LO DEMÁS)**
Cuanto más rica esté, peor le sentará.

OBSERVACIÓN DE ALLEN SOBRE LA SEXUALIDAD
Las relaciones sexuales sin amor son una experiencia vacía pero, como experiencia vacía, una de las mejores.

COMENTARIO DE MILLER
El sexo es una de las nueve razones que existen para creer en la reencarnación. Las otras ocho carecen en absoluto de importancia.

LEY DE ORCUTT

En la mayor parte de las relaciones amorosas, el sexo es lo que ocupa menos tiempo y causa la mayor parte de los problemas.

OBSERVACIÓN DE LINCOLN
Por mucho que los gatos se peleen entre ellos, siempre habrá un montón de gatitos.

COMENTARIO DEL CONDE DE CHESTERFIELD SOBRE LAS RELACIONES SEXUALES
El placer es momentáneo, la posición, ridícula y los gastos... ¡tremendos!

LEY DE DIETER SOBRE LAS DIETAS
Las relaciones sexuales no tienen calorías.

ZSA ZSA SOBRE LAS RELACIONES SEXUALES
«No sé nada sobre relaciones sexuales porque siempre he estado casada.»

LEY DE EVAN
Una vez que se deja de lado la integridad, lo demás es fácil.

REGLA DE HELGA
Diga que no y, luego, negocie.

LEY DE LAS VERDES COLINAS
Cuanto más exótico sea el lugar, más incómodo será todo.

OBSERVACIÓN DE MAE WEST
Errar es humano, pero sienta divinamente.

PRINCIPIO DE ROCKEFELLER
Nunca haga algo si preferiría estar muerto antes de que le cogieran haciéndolo.

LEY DE MURPHY SOBRE LAS EXISTENCIAS
Si no necesita ni quiere algo, siempre hay a montones.

LEY DE FARBER
La necesidad es madre de extraños compañeros de cama.

LEY DE COMFORT
La castidad es una virtud en la misma medida que lo es la mala nutrición.

Las relaciones sexuales son como la nieve: nunca se sabe cuántos centímetros hay ni cuánto va a durar.

SÚPLICA DE SAN AGUSTÍN
«Oh, Señor, concédeme la castidad... pero todavía no.»

REGLA DE RUIZ
Ama a tu prójimo, pero no permitas que te pillen.

MÁXIMA DE MARIO
Las caricias estimulantes son a las relaciones sexuales lo mismo que una cola larga a una atracción del parque de atracciones.

REGLA DE POST
Si le gusta estar arriba, encuentre a alguien que le guste estar debajo.

AXIOMA DE AGNES
Las relaciones sexuales son como la nieve: nunca se sabe cuántos centímetros hay ni cuánto va a durar.

LEY DE LIPSCOMB
Siempre es el peor momento del mes.

LEY DE MUMPHREY SOBRE GENÉTICA

Las relaciones sexuales son hereditarias. Si sus padres nunca las practicaron, existen muchas probabilidades de que usted tampoco.

LEY DE LUTZ
Cuando las luces están apagadas, todas las mujeres son hermosas.

CREDO DEL GRANJERO
Siembra tu avena salvaje el sábado por la noche y... reza el domingo para que se pierda la cosecha.

LEY DE MULLEN
Las relaciones sexuales son discriminatorias para con los tímidos y los poco agraciados.

REGLA DE SERGIO SOBRE LA CIENCIA
El amor es un asunto de química y las relaciones sexuales, de física.

LEY DE WILSON
Sonría y así los demás se preguntarán en qué estará usted pensando.

PRIMERA LEY DE SOCIOGENÉTICA
El celibato no es hereditario.

LEY DE DENNISTON
En la virtud está la penitencia.
Corolario:
Si hace algo bien una sola vez, alguien le pedirá que lo repita.

REGLA DE BERMANN
El 80 por ciento de las relaciones sexuales es pura representación.

CONSTANTE DE CONSTANTINO
Siempre mantendrá las mejores relaciones sexuales con la persona que más daño le pueda hacer.

LEY DE SWINGER
La pareja de su cónyuge para esta noche es siempre mucho más atractiva que la suya.

OBSERVACIÓN DE STUART
Los nudistas siempre resultan ser esas personas a las que usted nunca querría ver desnudas.

OBSERVACIÓN DE YASENEK

Besar es una forma de que dos personas se encuentren tan cerca que no puedan ver los defectos de la otra.

LEY DE MCGLAUGHLIN

Una ninfómana es una mujer que vive tan obsesionada por el sexo como un hombre corriente.

LEY DE HARTLEY

Nunca se acueste con alguien que esté más loco que usted.

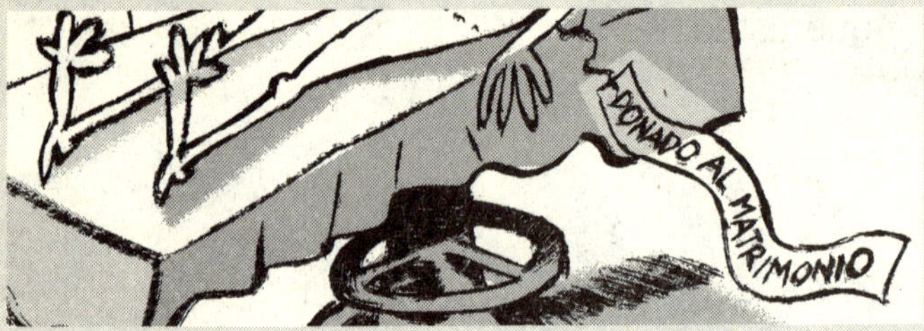
DONADO AL MATRIMONIO

(6)
LEYES PARA EL MATRIMONIO

LEY DE LOREN
El matrimonio supone el fin de las ilusiones.

LEY DE BALDRIDGE SOBRE EL MATRIMONIO
Si hubiéramos sabido en lo que nos metíamos, nunca nos habríamos metido.

SERMÓN DE HAMPTON
El problema de hacer algo bien a la primera es que su esposa no se da cuenta de lo difícil que es.

LEY DE MARLON SOBRE EL MATRIMONIO
Si los maridos y las esposas se escucharan con más frecuencia cuando hablan, hablarían menos.

LEY DE EMERSON SOBRE EL MATRIMONIO
La esposa de un hombre tiene más poder sobre él que el Estado.

SERMÓN DE HEYWOOD
El matrimonio es el destino, lo mismo que una ejecución.

LEY DE LORD BYRON
Todas las tragedias terminan con muertes y todas las comedias, en boda.

MÁXIMA DE DUPUY
SOBRE EL MATRIMONIO
Los hombres se casan para poner fin a algo; las mujeres para comenzarlo.

COMENTARIO DE COLERIDGE
SOBRE EL MATRIMONIO
El matrimonio más feliz que me puedo imaginar sería la unión entre un hombre sordo y una mujer ciega.

PRINCIPIO DE LUCILLE
El matrimonio es un viaje, no un lugar de llegada.

REGLA DEL PRÍNCIPE FELIPE

Cuando un hombre le abre la puerta del coche a su esposa, o bien el coche es nuevo o bien la esposa es nueva.

Ningún hombre debería casarse sin haber estudiado anatomía y diseccionado por lo menos a una mujer.

REGLA DE BALZAC
Ningún hombre debería casarse sin haber estudiado anatomía y diseccionado por lo menos a una mujer.

LEY DE RUCKERT SOBRE EL MATRIMONIO
No hay nada tan pequeño que no pueda explotar violentamente.

LEY DE BARTH
El matrimonio es nuestra mejor y última oportunidad para hacernos mayores.

LEY DE GILBERTSON
No hay nada a prueba de tontos hasta que su marido decide hacerlo.

RAZÓN FUNDAMENTAL DE CONNOLLY
El terror a la soledad es mayor que el miedo a la esclavitud, y por esa razón nos casamos.

PRIMERA LEY DEL MUS (Y DEL MATRIMONIO)
El compañero siempre tiene la culpa.

REGLA DE MCGEE

Cuando un hombre le lleva flores a su esposa sin razón aparente, es que hay una razón no aparente para que lo haga.

LEY DE ABLEY

El matrimonio es el único sindicato que no se puede organizar. Hombre y mujer piensan que son la patronal.

LEY DE CHRISTENSEN

Cuando la esposa de un hombre aprende a comprenderle, por lo general deja de escucharle.

LEY DEL DR. JOHNSON SOBRE LA AUDIOMETRÍA

El matrimonio es perjudicial para los oídos.

REGLA DE RAYBURN SOBRE EL GOBIERNO (Y EL MATRIMONIO)

Si quiere seguir adelante, llegue a un acuerdo.

REGLA DE SELIG SOBRE LA DESTRUCCIÓN

Si se le rompe algo que pertenecía a su pareja, será irreparable e irreemplazable.

LEY DE STEWART SOBRE LA RETROACTIVIDAD

Es más fácil ser perdonado que conseguir permiso para hacer algo.

Excepción de Bloch:
Esta ley no se cumple en el matrimonio.

LEY SECRETA
Su esposa sabe con exactitud dónde se encuentran todos los objetos que se le han perdido.

OBSERVACIÓN DE OIEN
La forma más rápida de encontrar algo es empezar a buscar otra cosa.

PRINCIPIO DEL MOBILIARIO DOMÉSTICO
Cualquier objeto que ponga temporalmente en un lugar de su casa se quedará en ese sitio por lo menos durante cinco años.

SEGUNDA LEY DE PARKINSON
Los gastos de una casa aumentan siempre hasta superar los ingresos.

LEY DE JOSH
Cuando todo haya fallado, intente hacer lo que le sugirió su esposa.

LEY DE PINTO
Si hace un favor a su pareja, le tendrá que hacer muchos más.

SERMÓN DE HUBBARD

Su cónyuge es alguien que lo sabe todo sobre usted y que, sin embargo, le sigue aguantando.

LEY DE KAUFFMAN

Nadie sabe lo que es la verdadera felicidad hasta que no se ha casado. Pero entonces ya resulta demasiado tarde.

REGLA DE GREER SOBRE EL MATRIMONIO

Un matrimonio feliz exige enamorarse muchas veces, aunque siempre de la misma persona.

OBSERVACIÓN DE CHESTERTON

El matrimonio es una aventura, lo mismo que ir a la guerra.

SERMÓN DE HARLAN

Con frecuencia, la diferencia entre un matrimonio feliz y otro corrientito consiste en callarse tres o cuatro cosas.

LEY DE JOSHI

Después de la boda, marido y mujer pasan a ser la cara y la cruz de una moneda: no se miran, pero siguen estando juntos.

LEY DE TOWNSEND
El matrimonio le enseñará a ser leal e indulgente, y aprenderá lo que es el autodominio y la sumisión, así como otro montón de cosas que no le haría falta saber para nada si no se hubiera casado.

REGLA DE MICHELLE
No se puede desdecir de algo que ya ha dicho.

LEY DE DAVID
No hay nada tan irreparable como un comentario mezquino.

LEY DE SÓCRATES SOBRE EL MATRIMONIO
Cásese a toda costa. Si tiene una buena esposa, será feliz. Si no es buena, podrá hacerse filósofo... y eso es muy interesante para todos los hombres.

REGLA DE TRIPP
Hacen falta dos personas para que un matrimonio funcione bien y sólo una para que fracase.

LEY DE JÉROME

Lo mejor es que le diga a su cónyuge siempre la verdad. A menos, claro está, que sepa mentir consumadamente bien.

COMENTARIO DE VOLTAIRE

El matrimonio es la única aventura en la que pueden participar los cobardes.

LEY DE JACOBSON

No permita nunca que su esposa se entere de que sabe hacer una cosa a menos que la quiera repetir una y otra vez.

LEY DE EDWARDS

Nunca juzgue a un hombre por la opinión que su esposa tiene de él.

REGLA DE ROSA

No se acueste nunca enfadada. Quédese levantada y organice una buena bronca.

DILEMA DE MARX SOBRE EL MATRIMONIO

«Nunca me casaría con una mujer que quisiera tenerme a mí por marido.»

LEYES DEL DEBATE DOMÉSTICO

1. Dos monólogos no constituyen un diálogo.
2. Todo es posible si no se tiene ni idea de lo que se está hablando.
3. Una resolución es el punto en el que alguno se hartó de discutir.

LEY DE THOMS SOBRE LA DICHA CONYUGAL

La duración de un matrimonio es inversamente proporcional a la cantidad gastada en la boda.

PRIMERA LEY DE MURPHY SOBRE LOS MARIDOS

La primera vez que salga a la calle después del cumpleaños de su esposa, verá el regalo que le compró con un descuento del 50 por ciento.

Corolario:

Si ella va con usted, dará por sentado que se lo compró porque era muy barato.

SEGUNDA LEY DE MURPHY SOBRE LOS MARIDOS

Los regalos que usted le compre a su esposa no serán nunca tan aparentes como los que su vecino le compra a la suya.

TERCERA LEY DE MURPHY SOBRE LOS MARIDOS

Los cachivaches que atesora su esposa siempre estarán colocados encima de los que atesora usted.

LEY DE JACOB SOBRE EL MATRIMONIO
Errar es humano. Echarle la culpa a su cónyuge es más humano todavía.

PRIMERA LEY DE MURPHY SOBRE LAS ESPOSAS
Si le pide a su marido que compre cinco cosas en el supermercado y luego añade otra más que se le acaba de ocurrir, se le olvidarán dos de las cinco primeras.

SEGUNDA LEY DE MURPHY SOBRE LAS ESPOSAS
Su marido sale siempre más favorecido en las fotos que le hace usted que usted en las que le hace él.

TERCERA LEY DE MURPHY SOBRE LAS ESPOSAS
Haga la división que haga de las tareas domésticas, a su marido siempre le corresponderán las más sencillas.

PRINCIPIO DE LA IRA
No intente nunca calmar a su cónyuge cuando se encuentre en el punto álgido de la ira.

LEY DE ROSENBLATT

La duración de un matrimonio es directamente proporcional a la distancia a la que viven sus parientes.

LEY DE O'REILLY

El matrimonio es el remedio contra la pasión.

INTERROGANTE DE WILLIAMS

Si un marido se pone a hablar en medio de la espesura del bosque y su esposa no está allí, ¿sigue estando equivocado?

COMENTARIO DE RUDNER SOBRE EL MATRIMONIO

«Me encanta estar casado. Es estupendo tener al lado a esa persona especial a la que quieres fastidiar durante el resto de tu vida.»

OBSERVACIÓN DE MENCKEN SOBRE EL MATRIMONIO

El que mejor se casa es el que lo demora hasta que ya resulta demasiado tarde.

REGLA DE DISRAELI

Ningún diputado asiste con regularidad a las reuniones del Congreso hasta que no se ha casado.

LEY DE BACHMAN

El matrimonio transforma la pasión... porque de repente usted se encuentra en la cama con un familiar.

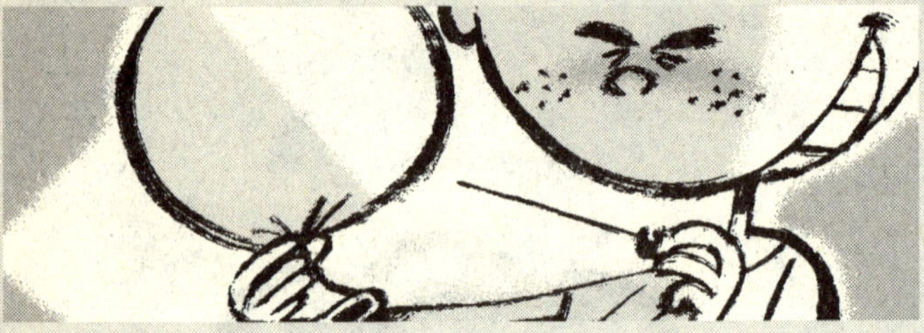

(7)
LEYES PARA LOS PADRES

LEY DE BOMBECK SOBRE LA HERENCIA
La locura es hereditaria. La transmiten los hijos.

REGLA DE LA VIDA DE AMIS
No hay ningún misterio en que la gente sea tan horrible. Hay que tener en cuenta que empezaron la vida siendo niños.

LEY DE LA RELATIVIDAD DE GANNON
Los nietos crecen siempre más rápidamente que los hijos.

CONSEJO DE VIDAL
No tenga nunca hijos, sólo nietos.

LEY DE MAMÁ
Un «repipi» es un niño más inteligente que el suyo.

TRES FORMAS DE CONSEGUIR QUE SE HAGA ALGO

1. Hágalo usted misma.
2. Contrate a alguien para que lo haga.
3. Prohíba a sus niños que lo hagan.

Si se rompe el preservativo,
lo hará justo cuando la mujer está en sus días fértiles.

**REGLA DE PAMELA
SOBRE LA MATERNIDAD**

Si no quiere que sus hijos escuchen lo que usted está diciendo, hágales creer que está hablando con ellos.

OBSERVACIÓN DE F. P. JONES

Los niños son impredecibles. Nunca se sabe en qué contradicción nos van a pillar la próxima vez.

**LEY DE MURPHY SOBRE
EL CONTROL DE LA NATALIDAD**

Si se rompe el preservativo, lo hará justo cuando la mujer está en sus días fértiles.

REGLA DE OREN SOBRE LA FERTILIDAD

Regalar la ropa de bebé es el método más seguro para quedar embarazada de nuevo.

LEY DEL TÍO

El secreto para llevarse estupendamente con un niño es no ser su padre.

LEY DE LODGE SOBRE LA VIDA

La literatura se suele centrar en las relaciones sexuales y no habla mucho de lo que supone tener hijos. La vida real es justamente al revés.

LEY DE BYRNE SOBRE LOS NIÑOS

Aprender a odiar a los niños en las primeras etapas de la vida evita un montón de gastos y de circunstancias agravantes en etapas posteriores.

AXIOMA DE ALT

Un padre siempre se preocupará por el hijo que menos se lo merece.

REGLA GENÉTICA DE STEPHEN

Si un niño se parece a su padre, es por la herencia. Si se parece a un vecino, es por la influencia del medio ambiente.

LEY DE PLOMP

Se dará cuenta de que sus hijos están creciendo cuando empiecen a hacerle preguntas que tengan respuesta.

LEYES DE LESSER

1. Por mucho que honre a sus padres de adulto, no podrá arreglar su comportamiento de cuando era pequeño.

2. Los niños son para la gente que no sabe qué hacer con su vida. Por eso hay tantos.

COMENTARIO DE COSBY

Los humanos son los únicos seres vivos que permiten que sus crías vuelvan a casa.

AXIOMA DE O'TOOLE

Un niño no es suficiente, pero dos son una muchedumbre.

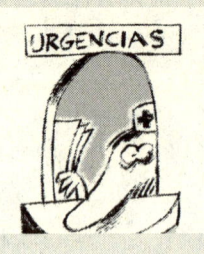

(8) LEYES PARA LOS ENAMORADOS DE (UNA CIERTA) EDAD

REGLA DE UNGER

No hay nada que mejore con la edad.

REGLA DE BREIDER

Los cuerpos envejecen; las emociones no.

LEY DEL DR. SANDERSON

El amor es como las paperas. Resulta mucho peor cuando se pasan de mayor.

MÁXIMA DE SHAW

La virtud es una tentación insuficiente.

REGLA DE RUSSELL

No se preocupe por evitar las tentaciones. A medida que se haga mayor, ellas le empezarán a evitar a usted.

LEY DE CAPP
Cuanto más cerca se sienta de su juventud, más veces repetirá todas las majaderías que ha hecho.

LEY DE DARROW
La primera mitad de nuestra vida nos la amargan nuestros padres y la segunda, nuestros hijos.

REVELACIÓN DESCORAZONADORA DE THOMAS
La niña de la que estuvo enamorado en su infancia es tan vieja como usted.

LEY DE JERRY SOBRE LA RECONCILIACIÓN
El hecho de que todo sea diferente no significa que haya cambiado nada.

OBSERVACIÓN DEL VIEJO PORTER
Muy pocas cosas llegan a la media.

CONSUELO DE CONRAD
Una de las ventajas de envejecer es que cada vez hay más mujeres mucho más jóvenes que usted.

OBSERVACIÓN DE TWAIN

Si deja de fumar, de beber y de salir de juerga, es posible que no viva más tiempo... pero a usted le parecerá que sí.

LEY DE SCHUYLER SOBRE LA MEDICINA
La salud es simplemente la velocidad más lenta a la que se puede uno morir.

COMENTARIO DE BILLY SOBRE EL ENVEJECIMIENTO
«A medida que me voy haciendo mayor, pierdo pelo de donde no quiero y me sale en sitios donde tampoco quiero.»

LEY DE ZIEGLER
La vida es maravillosa si deja de mantenerse siempre firme con el tiempo suficiente como para disfrutarla.

LEY DE DOLE
La capacidad sexual disminuye con más rapidez que el deseo.

LEY DE LÉVY
Volver a casarse después de un divorcio supone el triunfo de la esperanza sobre la experiencia.

LEY DE GENTRY
La virtud es un vicio en reposo.

DILEMA DE DORIS DAY

Lo realmente aterrador de la mediana edad es la certeza de que, cuando uno se haga mayor, todo será mucho peor.

REGLA DE HERÁCLITO SOBRE LA RELATIVIDAD

La cuesta para subir a la colina es la misma que la de bajada.

REGLA DE BROWN

Una de las claves de la felicidad es tener mala memoria.

LEY DE WILDE

Todos estamos tirados en la cuneta, pero algunos de nosotros miramos las estrellas.

REGLA DE BURKE

Envejecer es algo que no tiene la mínima importancia, a no ser que sea usted un queso.

BETTE DAVIS SOBRE EL ENVEJECIMIENTO

La vejez no es lugar para los cobardes gallinas.

REGLA DE WIEGAND

Lo haya tenido las veces que lo haya tenido, si se lo ofrecen no lo rechace.

REGLA DE AVELINO SOBRE LA LONGEVIDAD

Absténgase del vino, de las mujeres y de las canciones, especialmente de las canciones.

Corolario:

En cierto momento de su vida tendrá que elegir entre el vino y las mujeres, ya que uno excluye a las otras.

TEOREMA DEL DR. SLOVE

Las cualidades que más atraen a una mujer en un hombre suelen ser las mismas que no puede aguantar años después.

REGLA DE ROLAND

Es más fácil vencer la tentación cuando se sabe que probablemente se tendrá otra oportunidad más adelante.

LEY DE DAUGHERTY

Si su conciencia no le impide hacer una cosa, le impedirá disfrutarla.

LEY DE HOWARD

No lo haga si no puede mantenerse a la altura adecuada.

REGLA SOBRE LOS COMPAÑEROS DE CAMA

El que ronca es el que siempre se duerme primero.

LAMENTO DE LOGAN

Incluso en las parejas más unidas, uno de los cónyuges no puede asistir al funeral del otro.

En un momento de la vida, la cualidad más importante de una pareja es que pueda conducir de noche.

REGLA DE TENENBAUM
PARA ENAMORADOS DE (UNA CIERTA) EDAD
En un momento de la vida, la cualidad más importante de una pareja es que pueda conducir de noche.

LEY DE VÍCTOR
Se dará cuenta de que ya es de una mediana edad cuando, sin ropa delante de un espejo, se pueda ver la retaguardia sin girar la cabeza.

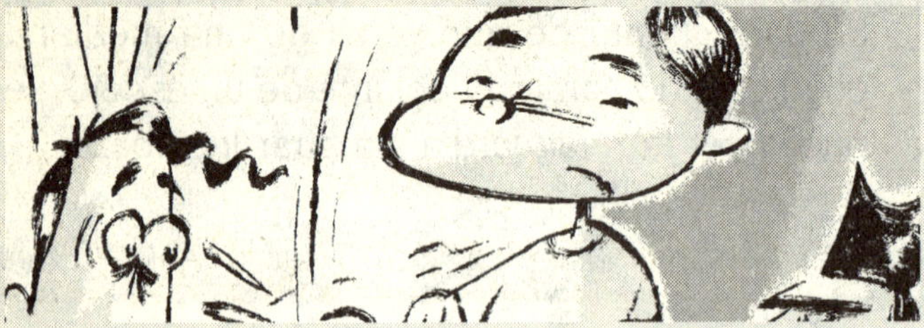

(9)
LEYES PARA LAS MUJERES Y LOS HOMBRES

REGLA DE BERYL
No existe límite a lo que puede lograr una mujer siempre y cuando no le importe que sea su marido el que se lleve todos los méritos.

REGLA DE ARCHARD
A las mujeres les gustan los hombres poco habladores, porque así se hacen la ilusión de que las están escuchando.

LEY DE WHITTON SOBRE LOS SEXOS
Haga lo que haga una mujer, tendrá que hacerlo el doble de bien que un hombre para que se considere que es la mitad de competente que él. Afortunadamente, esto no es nada difícil.

LEY DE BLOCH SOBRE GEOMETRÍA
La forma más estable de la naturaleza es el triángulo; o al menos es la forma más estable por lo que se refiere a la naturaleza humana.

LEY DE TOM

Cuando finalmente encuentre a la mujer perfecta, ella seguirá esperando al hombre perfecto.

LEY DE KOEHN
Las relaciones no maduran si sus componentes están separados.

REGLA DE RACHEL SOBRE LA LOCURA
La locura de una persona a la que se mantiene aislada durante un tiempo prolongado es menor que la locura de dos personas que se sienten solas juntas durante un tiempo prolongado.

SECRETO DE SOFÍA
El secreto de la felicidad es encontrar a esa persona tan especial que es inadecuada para usted de la forma más adecuada.

LEY DE LA REVELACIÓN
En una relación, la imperfección oculta nunca permanece oculta.

OBSERVACIÓN DE LIZ TAYLOR
El problema de las personas que no tienen vicios es que puedes estar casi segura de que tienen algunas virtudes bastante irritantes.

LEY DE KRANSKE
Guárdese del día en que no tenga nada de lo que quejarse.

LEY DE SHIRLEY
La mayor parte de las personas se merece a su pareja.

LEY DE MORRIS
Cualquiera puede admitir ante sí mismo que se ha equivocado. El problema es admitirlo ante los demás.

LEY DE ARLEN
Resulta sorprendente lo agradable que es la gente con usted cuando sabe que se va a marchar enseguida.

SEGUNDA LEY DE SANTAYANA
El hombre y la mujer están de acuerdo solamente en las conclusiones. Sus razones son siempre diferentes.

LEY DE LAURENT SOBRE LA NATURALEZA FEMENINA

A una mujer le hacen falta exactamente nueve meses para fabricar un niño, por muchos hombres que colaboren en la tarea.

DEFINICIONES DE ERSKINE
«Una mujer bella es la que me llama la atención. Una mujer encantadora es la que repara en mí.»

REGLA DE HOROWITZ
La sabiduría consiste en saber cuándo se debe evitar la perfección.

AFORISMO FEMINISTA
Una mujer sin hombre es como un pez sin bicicleta.

RESPUESTA DE FRIEDMAN AL AFORISMO FEMINISTA
Un hombre sin mujer es como una muela sin dolor.

FACTOR DE FERTILIDAD
Las mujeres son fértiles solamente algunos días de cada mes... a no ser que estén solteras.

OBSERVACIÓN DE BROWN
Si el mundo fuera lógico, los hombres montarían a caballo a la mujeriega.

LEY DE HOWE SOBRE EL AMOR

Ninguna mujer se enamora de un hombre a menos que tenga de él una opinión mucho más elevada de la que realmente se merece.

AXIOMA DE ONASSIS
Si no existieran las mujeres, el dinero no tendría ningún significado.

REGLA DE WEST
Cuando las mujeres se pierden, los hombres están deseando encontrarlas.

MÁXIMA DE MILLER
Un hombre que nunca le dice una mentira a una mujer es que tiene muy poca consideración para con sus sentimientos.

REGLA DE RUBENSTEIN
No existen mujeres feas, sólo que algunas son muy perezosas.

LEY DE PARKER
La belleza es interior. La fealdad en cambio aflora rápidamente a la superficie.

OBSERVACIÓN DE KENNEDY
Si los hombres se pudieran quedar embarazados, el aborto sería un sacramento.

Si los hombres se pudieran quedar embarazados,
el aborto sería un sacramento.

MÁXIMA DE EMMA

No todas las mujeres dedican la mayor parte de sus pensamientos a intentar complacer a los hombres. Algunas están casadas.

LEY DE DILLER

Cásese con un hombre de su edad. Cuando su belleza se vaya desvaneciendo, él irá perdiendo la vista.

LEY DE TEASDALE SOBRE LA PROPIEDAD

Quien merece poseer no puede ser poseído.

LEY DE CICERÓN

Ningún hombre en su sano juicio se pondría a bailar.

DILEMA DE DIETRICH

Muchas mujeres se proponen cambiar a su hombre y, una vez que lo han conseguido, se dan cuenta de que ya no les gusta.

COMENTARIO DE CRISP

La guerra entre los sexos es la única en la que ambos bandos se acuestan frecuentemente con el enemigo.

COMENTARIO DE CONNOLLY SOBRE EL SEXO
En la guerra entre los sexos, el arma de los varones es la desconsideración y la de las mujeres, el deseo de venganza.

REGLA DE MARVIN PARA LOS HOMBRES
No tiene ningún sentido intentar entender a las mujeres. Además, aunque lo consiguiera, no podría creérselo.

COMENTARIO DE VENTURA SOBRE LA NATURALEZA
La Madre Naturaleza no consiguió hacernos perfectos, así que nos hizo ciegos ante nuestros defectos.

SERMÓN DE HUBBARD
Un hombre es todo lo bueno que se supone que es; una mujer es tan mala como se atreva a serlo.

LEY DE POULIN
Cerebro x Belleza x Disponibilidad = Constante.
Corolario:
Constante = 0

LEY DE CIRELLI

Una mujer nunca olvida a los hombres a los que pudo haber tenido. Un hombre siempre recuerda a las mujeres a las que no ha podido tener.

TEOREMA DE MUNDER
Por cada novio «10» hay 10 novios «1».

LEY DE BAINES
No alabe nunca a una mujer en presencia de otra.

AXIOMA DE WILL ROGERS
Existen dos teorías sobre la mejor forma de no discutir con una mujer. Ninguna de las dos funciona.